ACTES SU

est dirigé par Madeleine Thoby

DITES, VOUS N'AURIEZ PAS VU MON OURS ?

Titre original :
Wer hat den Bären gesehen ?
Beltz Verlag, Weinheim et Basel, 1995
Programme Beltz & Gelberg, Weinheim

ISBN 2-7427-1144-9

Loi 49-956 du 16 juillet 1949
sur les publications destinées à la jeunesse

Les Romans

UWE KANT

DITES, VOUS N'AURIEZ PAS VU MON OURS ?

TRADUIT ET ADAPTÉ DE L'ALLEMAND
PAR ANNE GEORGES

Illustrations de
GESA DENECKE

ACTES SUD JUNIOR

Est-ce que par hasard l'un de vous aurait vu cet ours ? Un ours pas très grand, disons de taille moyenne, pour un ours ; je pourrais aussi le dépeindre comme un ours moyen : avant d'écrire, il faut bien réfléchir, bien peser ses mots. Même s'il est évident qu'un ours, même petit, sera toujours plus grand qu'un écureuil géant. Disons donc que l'ours que je recherche est de taille moyenne.

Il a des yeux marron et il porte été comme hiver une fourrure de la même couleur. Si quelqu'un prétendait avoir vu un ours aux yeux rouges ou bleus, un ours revêtu d'une fourrure lilas, verte ou bien à carreaux, je reconnaîtrais bien volontiers qu'il a vu une espèce rarissime, mais pas mon ours. Mon ours est tel que je le décris ci-dessus.

Depuis que je l'ai perdu de vue, il est possible que sa fourrure pendouille misérablement. En effet, lorsqu'il a de la peine, mon ours perd l'appétit, il maigrit. Or il est bien possible qu'il ait du chagrin. Peut-être devrais-je alors dire que l'ours que je recherche est de taille moyenne et qu'il est assez svelte ? Mais comment en être sûr ? Rien ne le prouve, rien ne prouve le contraire non plus. Car lorsque mon ours éprouve une grande joie, il se met à dévorer comme trois, voire comme quatre. Peut-être a-t-il trouvé une raison d'être heureux, loin d'ici – ou, allez donc savoir, juste au coin de la rue ? Dans ce cas, je devrais dire que l'ours que je recherche est de taille moyenne et qu'il est assez gras.

Mon ours n'a aucun signe distinctif : pas d'anneau d'or dans le nez ni de cicatrice sur le ventre (il n'a pas été opéré de l'appendicite, vous savez bien que les ours viennent au monde sans appendice), et il n'est même pas tatoué (parce que les tatoueurs n'aiment pas tatouer les ours, à cause de l'épaisseur de leur pelage ; à ce propos, je me souviens d'un tatoueur, il y a des années de cela, qui, parce qu'il n'arrivait pas à traverser l'épais pelage d'un ours, a mordu l'animal, de rage. L'ours n'a pas dû avoir très mal, mais il a été vexé. Un ours se vexe pour un rien, vous savez !).

Je dois aussi préciser que si l'ours que je recherche n'a pas de signes distinctifs, il exécute des numéros qu'aucun ours, aucun pharmacien, aucun apprenti ramoneur

n'est capable d'exécuter – quand bien même ils s'entraîneraient du matin au soir. En somme, l'ours que je recherche porte une fourrure marron, il est svelte ou peut-être gras, et il est capable de faire le poirier et la roue, de se tenir sur une main et de remuer les oreilles. Bien entendu, il n'est pas toujours en train de faire ces numéros. Il s'en abstient par exemple lorsqu'il va chercher du lait, ramasser des champignons ou scier du bois. Remuer les oreilles en ramassant des champignons, passe encore, mais faire la roue en sciant du bois, vous imaginez la scène ?
Pour résumer, je dirais que je recherche un ours brun, de taille moyenne, sans signes distinctifs, qui exécute à la perfection des numéros tels que se tenir sur une main, faire le poirier ou la roue, remuer les oreilles. Son plat préféré, c'est les pommes. Mais quand il a du chagrin, je le répète, il ne mange rien du tout.

Si par bonheur vous le rencontriez, j'aimerais que vous lui présentiez mes amitiés et puis que vous demandiez à mon ours de me donner de ses nouvelles. Après tout, j'ai bien le droit de dire que c'est mon ours ! C'est moi qui l'ai inventé. Sans moi, il n'aurait jamais existé. Et voilà que je l'ai perdu de vue ! Vous vous rendez compte ? Je suis un auteur qui a égaré son héros principal au beau milieu de son histoire !
Mon histoire commençait ainsi :
Il était une fois un ours, qui vivait au centre d'une grande ville. Il avait tout ce dont un ours a besoin, c'est-à-dire une vraie cabane, au milieu d'un vaste enclos entouré d'un fossé, lui-même entouré d'une haie à son tour entourée d'une clôture. Sa vie se déroulait sans problèmes. Personne ne pouvait le déranger, personne n'avait le droit d'entrer dans l'enclos pour aller lui serrer la main ou lui demander un autographe – et encore moins de s'en approcher pour lui pincer le derrière, mine de rien.

Un petit homme âgé s'occupait de lui. Il s'appelait M. Klappke et c'était le gardien d'ours. On le reconnaissait facilement à sa casquette, une casquette avec une large visière noire vernie, si brillante que le petit ours en métal argenté cousu juste au-dessus s'y reflétait. M. Klappke prenait grand soin de la cabane et de la cour, il veillait également à ce que l'ours ne souffre jamais de la faim. L'ours appréciait particulièrement les pommes, surtout les jaunes, mais M. Klappke lui donnait aussi des flocons d'avoine, des pommes de terre et de solides rations de viande. De même qu'un homme ne vit pas uniquement de pain, un ours ne peut pas se nourrir uniquement de pommes. Sinon sa fourrure se plisse et pendouille misérablement. Les humains ont le droit de faire un régime, pour garder la ligne, mais pas les ours, tout de même !

L'ours vivait seul dans sa cabane. On lui avait promis une épouse, mais pas avant un an. Malgré sa solitude, il ne s'ennuyait jamais. Il passait ses journées à observer les badauds, agglutinés coude à coude le long de sa clôture. Le spectacle était chaque jour différent, et fort divertissant. Ces visiteurs venaient du monde entier. Il y avait des Anglais très comme il faut, des Espagnols très réservés, des Écossais très économes et des Américains, avec des nains de jardin sous le bras. (Avant d'aller rendre visite à l'ours, on aurait dit que les Américains s'empressaient d'aller acheter des nains de jardin dans les magasins spécialisés de la ville ; sans eux, l'ours n'aurait jamais vu de nains de jardin.) Bien entendu, il y avait aussi toutes sortes de Français. Certains soulevaient à bout de bras leurs caniches ou leurs teckels pour leur permettre de mieux voir l'ours – ce qui amusait beaucoup ce dernier.

Un jour, l'ours vit arriver sept jeunes gens à l'allure dégingandée, portant moustache ou barbe de capitaines de navire. Ils prétendaient être des cinéastes de renom, désireux de tourner un film sur l'ours. Le titre du film prévu était : « Ours, que fais-tu donc dans cette grande ville ? » Leur projet échoua. Il faut dire que cela se passait au cours d'un été des plus torrides. Tout le monde sait que les ours préfèrent rester couchés à l'ombre, lorsque la chaleur est accablante. Ils sont alors difficiles à filmer, faute de lumière. En plus, vous imaginez l'effet produit par un titre de film du style : « Des ours bruns à l'ombre » ?

Les sept jeunes gens avaient longuement discuté avec M. Klappke et s'étaient montrés fort désagréables. Ils voulaient que le vieux gardien ordonne à l'ours de s'allonger au soleil.
– Vous n'avez qu'à le lui demander vous-mêmes, jeunes gens, avait rétorqué M. Klappke, excédé.
Puis il avait ajouté, non sans malice :
– Vous pouvez aussi entrer dans l'enclos, si le cœur vous en dit, et transporter l'ours au soleil. Qui sait, il aimera peut-être ça ? Mais attention, cette année, il est assez lourd ! Enfin, je vous aurai prévenus !
(En fait, ces soi-disant grands cinéastes n'avaient guère envie de se fatiguer. Ils préférèrent renoncer à leur projet pour partir tourner un film au bord de la mer du Nord sur le thème de « La mer, les mouettes, les hommes ». Depuis, je n'ai plus jamais entendu parler d'eux.)

Pour tout dire, je me fiche complètement de savoir où ils sont. C'est vrai, je les avais inventés, comme l'ours et comme M. Klappke.
Mais ils se sont conduits si stupidement, avec cette histoire d'ours à l'ombre, que je ne savais plus comment m'en débarrasser. J'avoue que j'ai été soulagé de les voir plier bagages et quitter mon histoire.
L'ours aussi a été soulagé, je crois.
D'ailleurs, dès qu'ils ont été partis, il s'est retourné sur l'autre côté pour piquer un bon petit somme.

Mon ours menait donc une existence paisible et agréable dans sa cabane de briques rouges ; il ne souffrait jamais de la faim et se reposait à l'ombre quand bon lui semblait. Il aurait pu vivre ainsi jusqu'à la fin des temps, si un jour, la famille Schimzeck n'était venue lui rendre visite.

Dès qu'il vit Mme Schimzeck, il éprouva sur-le-champ une vive antipathie à son égard. Elle le montra du doigt en disant :
– L'ours brun, que les scientifiques nomment *Ursus arctos*, est un ours hypocrite et imprévisible. Il ne sait pas remuer les oreilles, c'est à cela qu'on le reconnaît !
« Moi, je ne sais pas remuer les oreilles ? Ça alors, un peu que je les remue, et bien mieux que toi », pensa l'ours, qui ne pipa pourtant mot.
Il n'éprouva pas plus de sympathie pour Charles-Auguste et Marita, le fils et la fille Schimzeck.

Charles-Auguste affirma que cet ours ne pouvait même pas se tenir sur une main et sa sœur ajouta qu'il ne savait pas non plus faire le poirier.
« En tous cas, bien mieux que vous », pensa l'ours, qui garda le silence, une fois encore.
M. Schimzeck finit par s'approcher à son tour. À travers ses petits lorgnons dont le métal étincelait au soleil, il commença par observer l'ours d'un air grave.

« Lui, il a l'air intelligent, pensa l'ours. Il va sûrement tout de suite voir que je suis un ours parfait à tout point de vue. »

Or M. Schimzeck se contenta de remarquer d'un ton méprisant :
– A-t-on jamais vu un ours authentique vivre en ville ? Les ours des villes sont tous des imposteurs. Les vrais ours vivent dans la forêt. Allez, venez vous autres, il est temps de rentrer ! Nous serons beaucoup mieux à la maison. Ce n'est pas la peine d'avoir acheté une nouvelle télévision en couleurs si nous ne la regardons jamais.
Une fois encore, l'ours se tut, mais les terribles paroles de M. Schimzeck semblaient l'avoir assommé ; elles lui martelaient les tempes et lui sifflaient aux oreilles :
– Les ours des villes sont des imposteurs ! Les ours authentiques vivent dans la forêt !

À force de se répéter ces mots, il finit par ne plus pouvoir penser du tout. Un voile strié de noir et de rouge passait devant ses yeux, il tremblait de ses quatre pattes d'ours. Le lendemain matin, M. Klappke constata que l'ours n'avait mangé que la moitié de son dîner. Il avait même laissé une pomme jaune.
– Dis donc, toi, s'inquiéta-t-il, tu ne serais pas en train de tomber malade ?
Inquiet, il fit aussitôt venir le vétérinaire qui ausculta l'ours sur toutes les coutures, l'obligea à tirer la langue, à dire « oh » et « ah », lui examina attentivement les yeux et les oreilles et lui infligea même de désagréables coups de maillet sur les genoux.

– Hum ! Hum ! Eh bien, finit par diagnostiquer le vétérinaire, ce patient est parfaitement sain de corps, il pourrait dès demain participer aux jeux olympiques, avec cependant un net handicap pour le saut à la perche. Vous ne trouvez pas ? Ah bon ! On a de la peine à le croire, mais le véritable problème de ce gaillard de trois cents kilos, cher monsieur Klappke, est en fait purement psychologique.

Notre pauvre ami est en pleine déprime ! Hi hi hi ! Le remède est simple : vous lui donnerez chaque jour un seau d'épinards, un sac de biscuits de mer et douze cuillerées à soupe d'huile de foie de morue. Et évitez toute émotion à ce cher petit, hi hi hi !

M. Klappke retira sa casquette de gardien d'ours, cracha sur la visière pour la faire briller, puis, après avoir longuement réfléchi, suggéra timidement :

– Le soir, je pourrais peut-être lui lire une histoire. J'avais pris cette habitude, à son arrivée ici.

– Dites donc, Klappke, vous non plus, vous ne tournez pas très rond, répliqua le vétérinaire en hochant la tête.

– Mais si, rétorqua M. Klappke, en recoiffant sa casquette, je me souviens même que son histoire préférée, c'était *Blanche Neige et les Sept Nains*.

À partir de ce jour, la vie de l'ours changea complètement. Le jour, il se forçait à manger les biscuits de mer et les épinards, à boire l'huile de foie de morue. Et la nuit, il s'entraînait. Ce que M. Klappke découvrit tout à fait par hasard, voici comment.

Parfois, les gens de l'âge de M. Klappke ont des insomnies. Beaucoup s'en accommodent, mais la plupart trouvent le temps long. Pour tromper l'ennui, ils repensent à toutes sortes de choses, par exemple à tout ce qu'ils ont raté au cours de la journée ; ce qui n'est pas franchement agréable. M. Klappke, lui, préférait réfléchir aux différentes manières d'employer les millions gagnés à la loterie. (Certes, il ne les avait pas encore gagnés, mais on ne sait jamais, ça pouvait lui arriver.)
Au cours d'une de ses nuits d'insomnie, M. Klappke s'abandonna donc une fois encore à ses réflexions :
– Bon ! Voyons un peu combien j'aurais gagné, commença-t-il par se demander. Quatre millions ! Ce n'est pas assez ? D'accord, ne nous énervons pas, j'augmente, je vais jusqu'à sept. Sept millions, ça doit suffire, nom d'une pipe !
Puis M. Klappke reprit son calme et se mit à réfléchir à la meilleure façon de distribuer ses sept millions.
– Assez plaisanté, dit-il brusquement. La générosité, c'est bien beau, mais je ne dois pas m'oublier ! Charité bien ordonnée commence par soi-même, je me garde donc un million, que je déposerai à la banque. Ce qui fait qu'il restera encore six millions…

Douillettement pelotonné sous ses couvertures, M. Klappke distribua cinq des six millions restants à une quantité de gens qu'il trouvait sympathiques et offrit le dernier million à un certain Ewald Kleistermann. (Il y a bien longtemps, Ewald et lui avaient été camarades de classe. Ils étaient même très bons amis jusqu'au jour où cet Ewald Kleistermann s'était entiché

de pêche à la ligne. Comme M. Klappke ne pouvait supporter l'idée que l'on fît du mal aux poissons, leur amitié s'était interrompue tout net.)
– Mais bon, pensait maintenant M. Klappke bien au chaud dans son lit de gardien d'ours, cet Ewald était quand même un brave type. Grâce à moi, il va pouvoir s'offrir une mobylette neuve et quelques nouvelles cannes à pêche. Il aura même de quoi s'acheter un plein seau de vers de terre.
Restait donc la meilleure part, le million déposé à la banque ! Ce million, M. Klappke le destina à agrémenter l'existence de l'ours.
– Nous construirons un toboggan en plein milieu de son enclos, décida M. Klappke d'un ton calme et déterminé. Qu'importe ce qu'en pensera le conseil municipal ! (Depuis que M. Klappke était gardien d'ours, il avait toujours rêvé d'un toboggan tout en courbes et qui aboutirait dans un grand bassin. Chaque fois qu'il en avait fait part au conseil municipal, on lui avait rétorqué : Désolé, cher Klappke, nous n'avons pas d'argent.) Puisqu'il en est ainsi, décréta cette nuit-là M. Klappke toujours aussi calme et déterminé, je le paierai de mes propres deniers ! Oui, vraiment !
M. Klappke accompagna cette décision d'un hochement de tête satisfait. Content de lui, il se cala dans ses oreillers et il allait s'endormir quand une dernière pensée le fit sursauter :
– Klappke, se dit-il tout à coup, très inquiet. Klappke,

où as-tu laissé traîner ton billet de loterie, vieille banane ?
(Lorsque M. Klappke s'en prenait à lui-même, il se traitait volontiers de vieille banane. Il aurait bien été en peine de dire pourquoi. Juste parce qu'il n'aimait pas les bananes ? Il n'aimait pas davantage les coings, mais il ne lui serait jamais venu à l'idée de se traiter de vieux coing.)
Il répéta donc :
– Klappke, où as-tu laissé traîner le billet de loterie, vieille banane ?
La vieille banane lui répondit :
– Le billet de loterie ? Tu veux rire ! Tu sais très bien que tu l'as laissé sur la table du cabanon – sans doute pour le garder au frais !
– Alors, tu vois bien qu'il est à sa place, répliqua M. Klappke.
(En affirmant cela, il pensait que fichtre non, ce n'était pas vraiment l'endroit où laisser traîner un billet de loterie gagnant ! Imaginez qu'un cambrioleur passe par là ! Et comme il était un peu vieux jeu, il imagina un cambrioleur d'autrefois, un cambrioleur qui avancerait le dos courbé sous le poids d'un sac à pommes de terre, une lanterne à la main, le visage dissimulé par la visière d'une casquette enfoncée jusqu'aux oreilles, avec un grand anneau en fil de fer à la ceinture, où cliquetteraient plein de passe-partout.)
Telle était l'image que M. Klappke se faisait des cambrioleurs.
Un bref instant, il se demanda pourquoi il avait pensé à

un cambrioleur. Puis ça lui revint à l'esprit. Bien sûr ! Où avait-il donc la tête ? Un cambrioleur allait venir, qui ouvrirait la porte du cabanon grâce à l'un de ses multiples passe-partout, qui volerait le billet de loterie et s'en irait couler des jours heureux au soleil, avec les sept millions. Et alors, envolés le beau toboggan de l'ours et les nouvelles cannes à pêche d'Ewald Kleistermann !
– Gros nigaud, dit M. Klappke, qui n'avait plus envie de se traiter de vieille banane. Gros nigaud, comment

as-tu pu oublier ton billet de loterie dans le cabanon ? (Le cabanon portait en réalité un tout autre nom. Sa véritable appellation était « bureau de service du gardien d'ours », mais lorsque M. Klappke, des années plus tôt, l'avait visité pour la première fois, il s'était aussitôt écrié : Hé, hé, pas mal du tout, ce petit cabanon ! Mais quand, au conseil municipal, M. Klappke disait qu'il aurait bien besoin d'une nouvelle lampe pour le cabanon, on lui répondait invariablement que pour l'instant, le budget municipal n'autorisait aucune dépense pour rénover l'installation électrique du bureau de service du gardien d'ours.)

Au fait, que je vous raconte : pendant que je vous donne tous ces détails, ça fait un moment que M. Klappke a enfilé son pantalon, et je peux vous dire qu'il pédale dur, sur sa vieille bicyclette toute rouillée ! Bon sang ! Par ce temps ! À son âge ! Et à une heure aussi tardive !
Et, dites donc, personne n'a encore vu mon ours ? Je dois lui parler de toute urgence. Mon histoire ne peut pas rester en plan. Notez bien que je ne vous demande pas de poursuivre l'histoire à ma place. Je vous demande seulement de me dire où est mon ours. La suite, j'en fais mon affaire. Je pourrai enfin conclure, M. Klappke pourra retourner se coucher et surtout, je n'aurai plus à me lamenter à longueur de pages.
(Je n'aurais jamais dû accepter que l'on vexe mon ours. Je n'avais imaginé l'épisode Schimzeck que pour plaisanter un peu, mais mon ours prend tout tellement au sérieux. Résultat, je l'ai perdu de vue. Quelqu'un aurait-il vu mon ours ? Toujours pas ? Dans ce cas, vieille banane que je suis, me voilà obligé de continuer cette histoire, en attendant mon ours.)
Pas trop vite cependant.

Nous sommes pour l'instant avec M. Klappke, qui pédale sur la route. Par un temps épouvantable, à une heure tardive de la nuit !
– Nom d'une pipe, marmonne M. Klappke, il faut que je sois complètement maboul. Par ce temps ! En plein milieu de la nuit !

Il continue néanmoins d'appuyer vaillamment sur les pédales, malgré le vent froid qui lui cingle le visage. Arrivé devant l'enclos de l'ours, il appuie sa bicyclette contre la clôture et ouvre doucement la grille d'entrée. Apparemment, pas de trace du moindre cambrioleur. M. Klappke se dirige maintenant vers le cabanon. Aucune trace de cambriolage, là non plus. Le billet de loterie est toujours posé sur la table, faiblement éclairée par la vieille lampe. Ouf ! Plus rien ne s'oppose à la construction du toboggan ! M. Klappke met le billet de loterie dans sa poche, referme avec soin la porte du cabanon et s'apprête à rentrer chez lui lorsqu'il perçoit un faible bruit, un léger grattement. Il s'immobilise et tend l'oreille. Le bruit reprend, une fois encore, puis une autre. Soudain, le visage de M. Klappke s'éclaire. Dieu merci, ce ne sont ni des cambrioleurs ni des fantômes qu'il entend, c'est simplement l'ours. Il pénètre dans l'enclos interdit et, avec des ruses de Sioux dignes des meilleurs westerns, il se glisse derrière un rocher. Lorsque ses yeux se sont habitués à l'obscurité, il reconnaît la silhouette sombre de l'ours, qui se découpe dans la clarté de la lune. Il n'en croit pas ses yeux : l'ours fait le poirier ! M. Klappke fait un tour complet sur lui-même et risque un nouveau coup d'œil. Cette fois, l'ours est debout sur les mains ! Que va-t-il encore inventer ? Sacrebleu, maintenant, il fait la roue ! M. Klappke s'éloigne à reculons, sans faire de bruit, pour ne pas signaler sa présence à l'ours. Qui sait, il pourrait le prendre mal. M. Klappke ne connaît que trop sa susceptibilité. (Il se souvient du jour où il a traité l'ours de tous les noms parce que celui-ci avait expédié dans le fossé le pneu de tracteur qu'on lui avait donné pour jouer. On avait dû aller chercher une grue pour repêcher le pneu.

Et le conseil municipal avait refusé de payer la note pour le déplacement de la grue, sous prétexte que c'était à lui, M. Klappke, de faire attention à l'ours.

– Tu aurais tout de même pu faire attention, espèce de crétin, espèce d'âne bâté, avait bougonné M. Klappke.

Trois jours durant, l'ours, vexé, n'avait pas touché à une seule pomme ; pendant treize jours, il ne s'était pas baigné une seule fois dans le fossé ; et pendant trente jours, il n'avait même pas daigné regarder le pneu.)

Donc, le billet de loterie dans sa poche, M. Klappke n'a plus qu'à rentrer se coucher. Ce qu'il vient de voir le laisse perplexe. Tout en pédalant sur sa vieille bicyclette, il s'interroge. Faut-il téléphoner tout de suite au vétérinaire, ou attendre le lendemain matin ou même ne pas l'appeler du tout ? Faire le poirier, est-ce vraiment le signe d'une maladie très grave ? Après tout, peut-être que tous les ours le font et que personne n'a encore prêté attention à ce phénomène ?

– Pour l'amour du Ciel, surtout pas ça ! pense aussitôt M. Klappke. Je vois déjà d'éminents professeurs rappliquer ventre à terre pour peser l'ours, le mesurer sur toutes les coutures. La télévision viendra aussi. Et pour finir, ils m'enlèveront l'ours. Après, je passerai dans l'émission « Ces héros anonymes », je serai obligé d'expliquer à Marielle Blablabla pourquoi je suis un héros et pourquoi personne ne me connaît. Non, pitié, pas ça !

– Tiens, tiens, grommelle tout à coup une voix complètement inconnue de M. Klappke : à quelques mètres devant lui, un policier lui barre la route en agitant une lampe.

M. Klappke réussit à freiner à temps.

– Vos freins ont l'air de fonctionner, dit le policier,

mais est-ce que vous n'auriez pas bu un petit coup de trop?
– Qu'est-ce qu'il y a? Vous voulez me faire des histoires à cause de mes freins?
– Non, nous faisons une vaste opération de contrôle de la circulation et j'ai remarqué que vous parliez tout seul.
– Oui, c'est vrai, répond M. Klappke, ça m'arrive souvent. Savez-vous qu'il m'arrive aussi de me traiter de vieille banane?
– Ça, ça vous regarde, dit le policier, mais je trouve que l'éclairage de votre bicyclette est, hum, disons, très faiblard, si vous voyez ce que je veux dire.
– C'est dit très clairement. De vous à moi, savez-vous que cela fait quarante et un ans que je peste contre cet éclairage? Il est vrai qu'il s'agit là d'une des toutes premières bicyclettes!
– Comment ça? Les premières bicyclettes sont apparues il y a plus de cent ans, si je ne m'abuse, dit le policier.
– Non, non, vous ne m'avez pas compris. Je veux parler des premières bicyclettes fabriquées juste après la guerre. Leurs roues étaient encore en fer. Essayez un peu de la soulever, pour voir!
– Non, merci, répond le policier, mais vous devriez quand même revoir votre éclairage!
– C'est entendu, répond M. Klappke, je n'y manquerai pas.
Rentré chez lui, M. Klappke retrouve son lit avec plaisir. Après avoir un bref instant envisagé de prélever sur ses sept millions le prix d'une nouvelle bicyclette, il en écarte vite l'idée et sombre sur-le-champ dans un profond sommeil. Il rêve...

Vous croyez peut-être que je vais vous raconter son rêve ? Pas question ! Il vous suffit de savoir que les rêves de M. Klappke sont très marrants, qu'il y est question d'horloges suisses qui font « coucou » et d'enrouleurs à girafes – à moins qu'il ne s'agisse d'enrouleurs de girafes. De quoi ? dites-vous. Je vous avoue que je ne sais pas moi-même ce que sont ces enrouleurs. C'est ça qui est difficile, avec les rêves. On y voit souvent des choses bizarres que personne ne connaît. Peut-être s'agit-il de rouleaux ressemblant à des treuils pour enrouler les girafes, à moins que ce soient des hommes dont le métier serait d'enrouler les girafes ? Je n'en sais vraiment rien. Et d'ailleurs, c'est sans importance. Je n'ai qu'une envie, c'est que quelqu'un retrouve mon ours. Je parie qu'il est triste. Si seulement quelqu'un pouvait lui faire une ou deux petites caresses, pour le consoler. Apparemment, personne ne l'a rencontré. Je continue donc mon histoire.
Le lendemain matin, coup de téléphone dans le cabanon du gardien d'ours. C'est le vétérinaire qui s'informe de l'état de santé de son patient.
– Eh bien, s'enquiert-il avec sa bonne humeur habituelle, comment va notre futur champion olympique ? Le traitement fait-il un peu d'effet ? Continue-t-il ses galipettes ? Hi hi hi.
M. Klappke pense qu'il convient d'être prudent et répond :
– Ses galipettes ? Disons que… euh, disons qu'il semble avoir retrouvé la forme.

– Fort bien ! L'essentiel est que sa bonne humeur soit revenue. Dans ce cas, vous pourrez diminuer progressivement les rations d'épinards. Vous pouvez même supprimer tout de suite l'huile de foie de morue. C'est tellement mauvais. Vous y avez déjà goûté ?

– Non, je…

– Un bon conseil : évitez d'en prendre, quoi qu'il vous arrive.

– Entendu, conclut M. Klappke, je m'en souviendrai.

Pas une seule fois, l'ours n'avait daigné montrer son savoir-faire à tous les badauds venus le voir. Il se contentait de remuer un peu une oreille après l'autre lorsque des enfants de la maternelle lui criaient :

– Ou-ours ! Ou-ours !

L'ours attendait patiemment son heure. Il se réservait pour la famille Schimzeck.

Pâques arriva, puis Pentecôte. Les jours passaient, tantôt pluvieux, tantôt ensoleillés. Vint la période des grandes vacances.

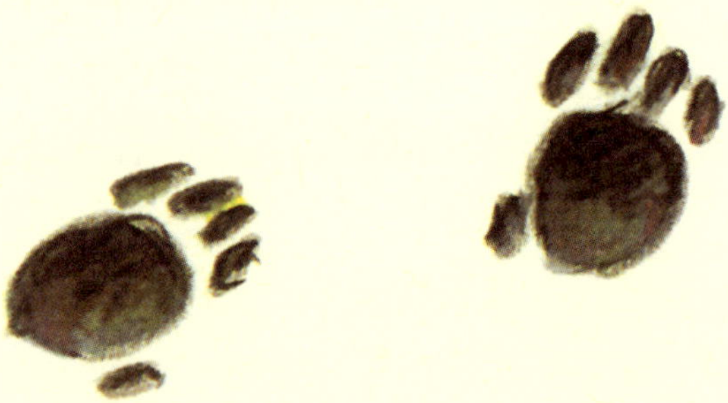

L'ours scrutait chaque visiteur, spécialement les Africains, les Chinois et les Indiens. La famille Schimzeck pouvait fort bien s'être déguisée ! Juillet passa et l'on arrivait déjà aux tout derniers jours d'août. Soudain, l'ours entendit une voix qui était restée gravée dans sa mémoire :

– Marita, fais attention à ton joli corsage ! Il nous a coûté assez cher. Et toi, Charles-Auguste, n'abîme pas ton beau pantalon tout neuf !

En toute hâte, l'ours quitta son coin d'ombre favori et se dressa sur ses pattes de derrière pour mieux voir. Mais oui ! C'était bien elle, c'était la famille Schimzeck. Au premier plan, la mère ; juste derrière elle, le fils et la fille, et, un peu en retrait, sous le grand tilleul, comme s'il n'avait pas envie de s'approcher, M. Schimzeck.

Comme toute la famille, il portait de grosses lunettes noires qui dissimulaient ses yeux, et un large couvre-chef lui cachait une partie du visage. L'ours avait vu juste. Les Schimzeck s'étaient effectivement déguisés.
– Tenez, regardez, l'*Ursus arctos*, communément appelé l'ours brun, est encore là, dit Mme Schimzeck ; une brute sanguinaire, rusée comme pas deux. On voit tout de suite qu'il est incapable de remuer les oreilles !
– Maintenant, je vous demande de faire attention, avait grondé l'ours.
(Mme Schimzeck n'était pas de ces gens capables de comprendre le langage des ours. Pour elle, les paroles d'un ours n'étaient qu'un banal grognement.)
– Pour ce qui est de grogner, ça, il s'y connaît, ajouta-t-elle.
– Regardez ! avait dit l'ours.
D'un seul coup, il s'était mis à remuer les oreilles avec la rapidité, la légèreté et la grâce aérienne d'un ballet d'elfes.
– Grand Dieu, s'exclama Mme Schimzeck, qu'est-ce que c'est que ce comportement bizarre ? C'est incroyable ! Marita, Charles-Auguste, venez voir ! Dites-moi que je n'ai pas la berlue. Cet ours n'est pas normal !
– Il remue les oreilles, s'écrièrent en chœur le frère et la sœur.
– Tiens, et il recommence. Ce n'est absolument pas normal !
– Et vous n'avez encore rien vu, ajouta l'ours.

Il ne savait pas très bien si le « pas normal » de Mme Schimzeck était un compliment ou une critique, mais il se mit tour à tour sur la tête, sur une main, sur la tête, sur une main…

– Papa, viens vite voir, cet ours ne tourne pas rond, il se tient sur la tête ! cria Marita Schimzeck.

– Oui, papa, cet ours est complètement fou, il se tient sur une main ! hurla Charles-Auguste Schimzeck.

M. Schimzeck s'approcha. Impossible de deviner l'expression de ses yeux, derrière ses verres sombres. Cependant, l'ours les sentit braqués sur lui comme deux pointes d'épée, comme deux canons de revolver. L'ours haletait sous l'effet de l'excitation et de l'effort. Il remuait les oreilles dans tous les sens, piquait un équilibre sur ses pattes avant aussi larges que des pelles, se dressait sur la tête, exécutait plusieurs roues à la suite (qui, vous le savez, sont toujours un peu maladroites, chez un ours). M. Schimzeck l'observait sans un mot, sans un geste. L'ours sentait peu à peu ses forces décliner. Il rassembla ce qui lui restait d'énergie pour tenir longtemps, très longtemps, la position d'équilibre sur les mains.

« Maintenant, ah, maintenant, pensait l'ours, M. Schimzeck, en homme avisé, va comprendre que c'est le bouquet final de mes numéros. Il va enfin m'applaudir à tout rompre. Encore dix secondes à tenir et la partie sera gagnée. »

(Mon pauvre ami ! Mon pauvre ours ! Comme j'aimerais en cet instant transformer ces quatre Schimzeck en autant de paquets de bonbons au poivre. Hélas, un auteur ne peut pas se permettre n'importe quoi sous prétexte que ça l'arrange. Il ne peut pas commencer à raconter une histoire de pingouins et, d'un seul coup, les métamorphoser en lions parce que seuls les lions savent rugir.)

Lorsque les dix secondes se furent écoulées, M. Schimzeck s'approcha de quelques pas. Manifestement outré, il secoua la tête et dit :

– C'est intolérable, ces imposteurs qui cherchent à se faire passer pour ce qu'ils ne sont pas ! Je le répète, les vrais ours vivent dans la forêt !
Ce soir-là, l'ours ne toucha pas à son dîner. Bonté divine ! Quelle quantité d'épinards allait lui prescrire cette fois le vétérinaire ? En fait, l'ours n'en avait cure. Ils pourraient bien dire ce qu'ils voulaient. Et penser ce qu'ils voulaient. Ce n'était plus son problème. À vrai dire, il n'était déjà plus vraiment là. Jusqu'alors, il n'avait rien été d'autre qu'un banal ours de la ville. Et il découvrait qu'il n'y a d'ours authentiques que dans les forêts. Dans les forêts, mais quelles forêts ? Où trouver une forêt ? Comment pouvait-on y aller ?

Au beau milieu de la nuit, un orage d'une rare violence tira l'ours de son sommeil triste et agité. Ce n'étaient que craquements effroyables, hurlements, sifflements, roulements de tonnerre, éclairs zébrant le ciel. Soudain, il fit aussi clair qu'en plein jour. Il y eut d'abord un grésillement, comme si mille fois mille allumettes s'étaient enflammées d'un coup. Suivit un coup de canon si terrifiant que l'ours se jeta à plat ventre sur le sol, où il demeura longtemps sans bouger. Il ne se redressa que lorsque ce vacarme assourdissant se fut éloigné. Il tâta patte après patte autour de lui, avec circonspection. Que s'était-il passé ?
L'orage s'était éloigné, mais le sol était jonché de branches et le superbe tilleul, haut comme une tour, avait été abattu par la foudre. Il s'était couché sur la

clôture et formait ainsi une passerelle jusqu'à la cabane de l'ours. Qui ne fut pas long à se décider à franchir ce passage providentiel ; juste le temps de penser à emporter deux des pommes jaunes de son dîner, pour la route.

C'était la première fois que l'ours parcourait la ville. Il avançait sans difficultés, car les rues étaient quasiment désertes. Les hommes dormaient derrière leurs volets clos, leurs voitures étaient sagement garées le long des trottoirs. Tout à coup, un lapin surgit d'un buisson et lui bredouilla vaguement une histoire de chats bien dodus dont il fallait se méfier en permanence, même la nuit. Un peu plus loin, de l'autre côté de la rue, un homme ivre, agitant sa bouteille, lui cria :

– Hep, toi là-bas ! T'en veux un coup, dis ?

L'ours ne savait pas à quoi ressemblait la forêt. Pourtant quelque chose lui disait qu'il n'y était pas encore, qu'une forêt n'avait rien à voir avec ce qu'il avait vu jusqu'à présent.
– Ah ! si seulement je pouvais trouver la forêt ! s'exclama-t-il au moment où il tournait dans la trente-quatrième rue. À l'angle de cette rue se trouvait un arrêt d'autobus. Dans la petite guérite, un homme était assis. C'était un musicien, répondant au nom d'Amédée Houlequiroule.

Ce n'était pas n'importe qui, car n'importe qui se serait enfui en apercevant l'ours, ce que ne fit pas Amédée Houlequiroule, doté de surcroît du merveilleux pouvoir de comprendre le langage des ours. Musicien itinérant, il parcourait le pays de ville en ville, de campagne en campagne, et jouait d'un instrument qui ressemble fort à un gros violon de deux mètres de haut et que l'on nomme contrebasse. Celui qui sait jouer de cet instrument est capable de comprendre le langage des ours, pour peu qu'il s'en donne la peine. Les joueurs de contrebasse ne sont d'ailleurs pas les seuls, beaucoup de gens y arrivent – à condition qu'ils se donnent, eux aussi, un peu de mal. C'est le cas, par exemple, de presque tous les enfants, surtout ceux qui n'ont pas dépassé l'âge de onze ans et onze mois.
Donc Amédée Houlequiroule ne s'enfuit pas. Au contraire, il demanda à l'ours :

– Ami aux poils touffus, pourquoi veux-tu aller dans la forêt ? On n'y trouve que des arbres et encore des arbres. Et des épines. Quoi que tu veuilles attraper, tu te piques à des épines. Et comble de tout, les fourmis sauvages n'ont de cesse de piquer tout ce qui se trouve sur leur passage.
– Des fourmis sauvages ? s'inquiéta l'ours.
– Ou des lézards. Même ces petites bestioles peuvent mordre cruellement.
– C'est que tu n'es pas un être de la forêt, toi, dit l'ours, tandis que les ours, les authentiques, les vrais, sont des êtres de la forêt. Ils ne peuvent vivre que dans la forêt.

– Sans vouloir te contredire, insista Amédée Houlequiroule, je ne crois pas qu'il y ait de catégories aussi distinctes. Pourtant, tu as peut-être raison. Tu peux toujours aller voir. Pour ma part, je dois m'y rendre la semaine prochaine.
– Ah bon ?
– Oui, j'ai une nouvelle amie. Elle est comme qui dirait professeur de nature. Elle apprend à des ribambelles de gamins ce que sont les arbres, les oiseaux, les fourmis et les lézards. Pour faire des progrès dans son enseignement, elle m'emmène avec elle dans la forêt et je lui sers de cobaye. L'ours ne savait pas très bien ce que signifiait « amie ». Il se contenta de dire :
– Impossible d'attendre la semaine prochaine, il faut que j'aille dans la forêt immédiatement. Et je ne sais pas où elle se trouve.
– Ce n'est vraiment pas sorcier, répondit Amédée Houlequiroule. De nos jours, on peut y aller en bus. Bien sûr, tu risques de faire de l'effet, vu que tu es un ours. Mais j'ai une idée. Écoute-moi bien. Quand le bus arrivera, j'irai parler au chauffeur, pour le distraire. Toi, dès que la porte arrière s'ouvre, hop, tu montes. Et un peu plus tard, quand elle se rouvrira, tu descendras. Tu te trouveras alors en bordure de la forêt. La meilleure façon de la reconnaître, ce sont ses arbres. Tu ne peux pas te tromper.
Peu de temps après, l'autobus arriva.
– Salut, casse-oreille ! s'écria le chauffeur en apercevant le contrebassiste.

– Salut, pollueur de grands chemins ! lui répondit Amédée Houlequiroule.
Les deux hommes se connaissaient depuis longtemps. Ils étaient devenus amis. Le musicien prenait souvent le dernier bus pour rentrer chez lui, après un concert, et il s'abandonnait avec plaisir à la conduite du chauffeur. De son côté, le chauffeur allait souvent au concert et il s'abandonnait avec plaisir à la musique du contrebassiste.
– Écoute, vieux, dit Amédée Houlequiroule, laisse monter mon copain à l'arrière de ton bus. Et fais-le descendre en bordure de la forêt. Je t'en prie, ne pose pas de questions.
– D'accord, répondit le chauffeur.
Lorsque l'ours descendit de l'autobus, il vit en face de lui un rempart d'arbres.
– C'est donc ça, la forêt ! se dit-il, se souvenant des paroles d'Amédée Houlequiroule
(À propos, quelqu'un aurait-il vu mon ours à l'orée de la forêt ? Non, toujours pas ? Vous avez les yeux dans votre poche ?)

L'ours se sentait triste, seul et fatigué. Il emprunta en trottinant un petit chemin étroit et partit à la recherche d'un endroit pour dormir. Malgré l'épaisseur de sa fourrure, il sentait parfois les piqûres des épines en passant entre les arbres et les fourrés. À chaque pas, il se demandait avec effroi s'il n'allait pas être attaqué par des fourmis sauvages ou par des lézards. Une fois, deux yeux rougeoyants le transpercèrent, lui rappelant le regard sévère de M. Schimzeck. Un peu plus tard, il entendit toutes sortes de craquements et de trottinements comme si des milliers de petites jambes se déplaçaient en toute hâte dans le bois. Lorsqu'il sentit enfin sous ses pattes la douceur moelleuse d'un tapis de mousse, il se laissa tomber comme une masse et s'endormit aussitôt.

Dors, mon ours. Dors tout ton soûl. Mais je préfère te le dire tout de suite, dès demain matin, l'histoire se poursuit. Jusqu'à présent, personne ne m'a téléphoné ou n'a envoyé de pigeon voyageur avec une missive pour me dire : « Ne vous faites plus de souci pour votre ours bien-aimé. Nous lui avons donné à manger et à boire, nous l'éventons pour qu'il n'ait pas trop chaud, nous lui faisons aussi de gentils sourires. Demain, nous le cajolerons et après-demain… » Non, absolument rien de tout cela.

Le lendemain matin, l'ours fut réveillé par le chœur des oiseaux de la forêt et par les glapissements d'un renard. Pour ce qui est des oiseaux, rien à dire, mais le renard, ah, le renard !

– Un chien, un très gros chien, s'époumonait le renard

avec une voix de crécelle. Le v'là qui débarque, il s'allonge, il s'étire, il s'incruste, il fait comme chez lui. Rien qu'de voir ça, ça m'rend dingue.

Il y a très certainement des renards très gentils. Des renards tout à fait comme il faut. Malheureusement, ce renard n'était pas de ceux-là. C'était un renard de la pire espèce. De plus, il aimait composer des poèmes en vers. Le chien était sa bête noire, il déclamait d'une voix criarde :

« Je l'agresse en vitesse et j'lui mords
la fesse, je l'découpe en morceaux
et j'm'en fais un chapeau,
j'vous parie un tickson
que l'clébard
est marron. »

(Oui, je sais que ces vers sont absolument exécrables. D'ailleurs, j'ai eu beaucoup de mal à les écrire. Mais je ne pouvais pas m'en dispenser. Le renard tel que je l'ai imaginé est un affreux rimailleur. Par contre mon ours, ah, mon ours, lui, il a le sens de la poésie, vous vous en apercevrez bientôt.)

La voix du renard déplut profondément à l'ours et ses rimes encore plus. « Il vaut mieux, pensa-t-il, que je me trouve un autre endroit. » Et il se leva. Le renard recula d'un bond et s'écria :

– Holà, t'énerve pas, mon pote. Possible qu'aujourd'hui, exceptionnellement j'te laisse filer. J'suis plutôt dans un bon jour. Pt'être parce que ma tante a fêté son anniversaire y a une quinzaine. Rien qu'd'y penser, ça m'fait chaud au cœur.

L'ours ressentit comme des bourdonnements dans les oreilles. Il tendit le cou et balança la tête de droite et de gauche. Le renard recula de trois bonds et s'écria :

– Eh, mec, arrête de trembler, puisque j'te dis que t'as d'la chance ! Aujourd'hui, il t'arrivera que dalle. Mais que j'te r'trouve pas demain en travers de ma route. J'ai comme qui dirait l'impression que demain, je s'rai d'mauvaise humeur. Un conseil ! N'échauffe jamais les oreilles d'un renard, quand il est d'mauvaise humeur, ça pourrait t'coûter cher !

« Ce n'est pas peu dire, pensa l'ours, pouah, quel exécrable poète ! » Et il disparut dans les fourrés à la recherche d'un meilleur endroit.

Nous voilà presque à la conclusion de notre histoire ! Presque à la dernière phrase. Je ne voudrais pourtant pas finir sans avoir retrouvé mon ours. Tant que je parle de lui, il est visible. Tant qu'il est visible, il existe. À la fin, oui ou non, est-ce que quelqu'un l'a rencontré ? Toujours pas ? Le temps presse. Quelque part sur la terre, un ours erre, le cœur triste. Il pense que personne ne l'aime. Et il ne sait pas à quel monde il appartient. Si j'arrête maintenant de parler de lui, il cessera à tout jamais d'exister, sans avoir connu la réponse.

L'ours s'enfonçait toujours plus dans la forêt. Après une bonne heure de marche, il n'avait rencontré ni géants, ni nains, ni la moindre fille de roi. En revanche, il était tombé sur des Japonais.
Les Japonais avaient avancé en bus dans la forêt jusqu'à ce qu'il n'y ait plus de chemin carrossable. Ils portaient des costumes sombres, des chemises blanches, des cravates rayées et de petites lunettes cerclées de métal. Chacun avait son badge avec son nom épinglé sur son veston. Ils s'appelaient Sato, Kato, Hayashi, Sasaki ou Takahashi.
Dès qu'ils aperçurent l'ours, ils l'encerclèrent et le mitraillèrent avec leurs appareils photographiques. (Vous imaginez la scène : l'ours, planté là, debout, un peu embarrassé, cerné par des petits Japonais, tous au demeurant fort bien élevés.)

C'est alors qu'un des Japonais sortit de sa poche un micro-ordinateur pourvu d'un programme spécial « animaux ».

Il tapa sur le clavier quelques indications concernant la taille de l'ours, sa couleur, etc. puis il expliqua à ses compatriotes que, d'après l'ordinateur, ils avaient bel et bien devant eux un ours brun. En latin *Ursus arctos*.

Sur ce, tous les Japonais se détournèrent de l'ours et regardèrent une jeune femme joliment nommée Mme Soleillevant. Mme Soleillevant exerçait le métier de guide touristique. On la voyait toujours avec des cohortes de Japonais à qui elle faisait visiter des musées, des bureaux de poste, des boulangeries-pâtisseries et des lycées.
Tous regardaient Mme Soleillevant, l'ours y compris.
M. Sato prit finalement son courage à deux mains et dit :
– Très vénérable et très charmante madame Soleillevant ! Permettez, je vous prie, que nous fassions encore une fois appel à vos insurpassables connaissances et que nous vous posions une nouvelle question. Mes estimés collègues et votre humble serviteur ont été amenés à penser qu'ils venaient de voir un ours brun en chair et en os. Or, d'après nos modestes connaissances, ni lynx, ni élans, ni loups, ni ours ne vivent dans les forêts de votre superbe pays, si vous m'autorisez cette remarque.

Mme Soleillevant ne pouvait pas ne pas voir l'ours. Bien que se tenant derrière les Japonais, il les dépassait largement. Elle sentit la colère monter en elle. « Il ne manquait plus que cela, il fallait que ça m'arrive », pensa-t-elle en fusillant l'ours du regard.
L'ours haussa les épaules d'un air de dire « Je n'y suis pour rien » et leva ses pattes de devant, paumes dirigées vers le ciel. Mme Soleillevant fit alors dans sa

direction un petit geste sec de la main qui en disait long. (Il faut dire que le métier de guide touristique est épuisant, à devoir fournir des explications à longueur de journée. Et maintenant, pour couronner le tout, l'apparition de cet ours !)
L'ours vit le geste. Il fit demi-tour et, en quelques bonds silencieux, il disparut derrière le premier buisson venu.
Soulagée, Mme Soleillevant répondit alors aux Japonais :
– Il est évident qu'il n'y a aucun ours ici, messieurs. Vos connaissances sont absolument exactes. Il n'y a pas d'ours et il n'y en a jamais eu ici. Vous avez été victimes d'une hallucination. Peut-être en raison de la fatigue. S'il vous plaît, rejoignez le bus. Il est temps de retourner à l'hôtel.
Les Japonais échangèrent un regard étonné, mais comme ils étaient extrêmement courtois, ils ne discutèrent pas.

L'ours était assis sous un hêtre dans un champ de myrtilles. Cela faisait des lustres qu'il ne s'était senti aussi bien. Il mangeait des myrtilles pour la première fois de sa vie. Leur goût surpassait tout ce qu'il avait mangé jusqu'à présent : épinards, biscuits de mer, et même les pommes jaunes, le pudding au chocolat et les roulades de veau. Il était assis au milieu des myrtilles et il arrachait les petites baies avec ses dents, il en avait partout, tant et si bien qu'il ne ressemblait plus à un ours brun, mais à un ours bleu myrtille. Il aurait volontiers fredonné une chanson sur les myrtilles, mais il ne lui en venait aucune à l'esprit. (Il est vrai que ces chansons sont plutôt rares. Sans doute n'existe-t-il aucune chanson sur les myrtilles, tout comme sur les saucisses au curry.)

Ce n'était pas qu'il fût mal installé, mais il ne pouvait rester ici jusqu'à la fin de ses jours. C'est là une chose paradoxale : quand on est bien quelque part, on ne peut généralement pas y rester. À l'inverse, il arrive que l'on soit obligé de rester longtemps là où on ne se plaît plus du tout.
Vous voudriez peut-être que je laisse l'ours assis encore un petit peu dans son champ de myrtilles, disons, une douzaine de lignes ? Bon, d'accord, je peux vous arranger ça. Si vous pouviez voir ce que je vois déjà, vous penseriez sûrement différemment. Je peux seulement vous dire qu'il va y avoir du grabuge.
Je vois en effet arriver le garde-chasse en chef et son sous-chef. Quand un garde-chasse en chef et un sous-chef rencontrent un ours brun au milieu d'un champ de myrtilles, on ne peut s'attendre qu'à du grabuge.

L'ours ne chantait pas, car aucune chanson ne lui venait à l'esprit. Par contre, il croquait les myrtilles avec tant d'appétit qu'il n'entendit pas s'approcher deux hommes vêtus d'un costume vert. Tous deux portaient un fusil à l'épaule et un insigne à leur chapeau. L'un était le garde-chasse en chef Tonnerre-dedieu, l'autre le sous-chef Kowalski.

– Ne trouvez-vous pas, mon cher Kowalski, que cette

forêt ressemble à la nef d'une cathédrale lorsque le soleil traverse ses vitraux ? dit soudain avec emphase le garde-chasse en chef.
– Exact, chef, répliqua Kowalski, tout à fait comme une nef de cathédrale.
– Et, poursuivit Tonnerrededieu, si le vent se mettait à bruire dans les cimes et si les loriots et les pinsons se mettaient à gazouiller, nous aurions comme un concert de musique sacrée avec orgue et chœurs.
Kowalski répondit :
– Exact, chef, tout à fait comme un concert.
– Vous avez trouvé le mot juste, mon cher Kowalski, vous avez trouvé le mot juste, souligna Tonnerrededieu. Par contre, ne serait-ce pas le clapotis d'un ruisseau que nous entendons ?
– Tout à fait exact, chef, tout à fait exact. On dirait vraiment un clapotis. Ça pourrait être aussi un mâchouillis.
– Comment ça un mâchouillis ? Kowalski, vous perdez la tête ?
– Absolument pas, chef. D'ailleurs il me semble voir un ours en train de manger. Ce qu'il fait comme bruit ! Regardez, là-bas, dit-il en pointant du doigt.

À contrecœur, le garde-chasse en chef jeta un regard dans la direction indiquée.
– Par saint Hubert, patron des chasseurs, vous avez raison, Kowalski. Eh bien, les choses étant ce qu'elles sont, il s'agit de faire le nécessaire !

– Exact, chef, mais qu'est-ce que vous entendez par là ?
Le garde-chasse en chef et le sous-chef délibérèrent, tandis que l'ours continuait de déguster ses myrtilles en toute quiétude. Finalement, ils se faufilèrent sans bruit jusqu'à lui, leurs fusils pointés :
– Haut les mains ! cria d'un seul coup Tonnerrededieu.
– Exact, chef ! ajouta Kowalski.
« Haut les mains » ? L'ours ne savait pas très bien ce que cela signifiait et ce qu'attendaient de lui les deux hommes.
– Haut les mains ! répéta le garde-chasse en chef.
– Exact ! ajouta encore une fois le sous-chef.
« Ah bon, pensa l'ours, c'est tout ce qu'ils veulent ? »

– Avec plaisir, grogna-t-il, je n'ai rien contre, et il se dressa aussitôt sur une main, la tête en bas, si bien que le jus des myrtilles lui coula jusque dans les yeux.
– Ha ha, traîne-savates, va-nu-pieds, dit le garde-chasse en chef, maintenant tu ne nous échapperas pas !
– C'est exactement comme ça qu'il faut parler aux bandits de grands chemins, dit Kowalski, mais qu'allons-nous faire de lui ?
– Ça, mon cher, c'est fort simple : nous allons faire notre métier. Nous tirerons un premier coup de sommation, nous l'allongerons par terre puis nous l'abattrons, mon cher. Je pense qu'il est de notre droit et de notre devoir de l'abattre, au nom de la loi.
Effrayé par ce qu'il entendait, quoiqu'il n'y comprît rien, l'ours changea de position et fit le poirier.

À ce moment précis, le sous-chef Kowalski se sentit gagné par une certaine compassion. Et, pour une fois, il répliqua :

– Je ne suis pas exactement sûr que vous ayez raison, chef. Nous ne sommes peut-être pas en période de chasse à l'ours ?

– Sacrebleu, quel empêcheur de tourner en rond vous faites !
L'ours, qui commençait à se fatiguer dans la position du poirier, s'était assis sur le derrière. Son regard passait sans cesse de l'un à l'autre des deux hommes.
– Entendu, dit finalement M. Tonnerrededieu à M. Kowalski, nous ne devons commettre aucune illégalité. Ce n'est pas une mince affaire de contrevenir à la loi. Avant d'abattre cet ours, allons de ce pas nous plonger dans le code juridique de la chasse, chapitre « Chasse à l'ours ».
– Exact, répondit M. Kowalski, chapitre « Chasse à l'ours » ; et ils se mirent en chemin.

Le garde-chasse en chef revint un bref instant sur ses pas et dit à l'ours :
– Quant à toi, misérable canaille, garde-toi bien de t'enfuir ! Reste bien gentiment ici jusqu'à ce que nous soyons de retour avec la bonne réponse, parole de chasseur !
Tout se déroula comme le garde-chasse en chef l'avait souhaité. L'ours resta assis au milieu des myrtilles. Une douce brise s'était levée, bruissant dans les feuillages. Au loin, un loriot sifflait. Tout près de lui, des pinsons gazouillaient à tue-tête. Seules les myrtilles n'avaient plus aussi bon goût qu'avant.

Que fait l'ours ? Je le vois d'ici : effectivement, il n'a pas bougé. Une demi-heure s'est déjà écoulée.

Pourtant il est toujours assis à la même place. Avant, c'était une bonne place, mais maintenant, c'est une place qui sent le roussi. L'ours est-il devenu fou ? A-t-il vraiment l'intention d'attendre jusqu'à ce que les forestiers reviennent l'abattre ? Qui sait ce qu'ils auront trouvé dans le code juridique de la chasse ? Je n'en sais rien. Et je n'ai pas le temps de vérifier quand et où on peut légalement abattre les ours. Je vais faire partir mon ours d'ici grâce à un sanglier très raisonnable que j'envoie sur-le-champ à son secours.

« Allons bon, pensait l'ours, que dois-je faire ? Il a dit que je devais rester assis ici jusqu'à son retour. Suis-je vraiment obligé de rester assis ici ? Je pourrais au moins me cacher. »

Son regard tomba sur une mare fangeuse, couverte de nuées de moustiques. Il regretta de ne pas être de la taille d'un moustique ! Soudain les moustiques s'éclipsèrent en bourdonnant. La surface de la mare se mit à bouger, à gonfler, et une étrange créature couverte de boue se dressa vigoureusement sur ses pattes, éternua, grogna, se secoua, puis regarda avec des yeux pleins de malice autour d'elle. L'ours trouva cette créature sympathique. Elle avait quelque ressemblance avec lui. Et n'avait ni appareil photo, ni fusil.

– Hello, dit-il néanmoins avec prudence.
– Salut, toi, répondit l'étrange créature.
Sans plus s'attarder sur les formules de politesse, elle déclara :
– Es-tu complètement fou ? T'as vraiment l'intention d'attendre que les forestiers reviennent t'abattre ? Qui sait ce qui est écrit dans le code juridique de la chasse ? Fais pas l'imbécile, mon vieux. Prends plutôt tes cliques et tes claques pendant qu'il en est encore temps !
– Pour aller où ? demanda l'ours.
– Tu n'as qu'à poser la question au garde des Eaux et Forêts ! répliqua l'étrange créature. Mais tu ne peux pas rester ici !
– Et pourquoi pas ? répondit l'ours. De toutes façons, que je sois ici ou ailleurs, je ne suis jamais au bon endroit.
– Écoute, mon vieux, tu me fais pitié, dit l'étrange créature. Viens avec moi. Je vais te montrer un endroit

où tu pourras au moins passer la nuit.
– Au fait, qui es-tu ? demanda l'ours.
– Moi ? Je suis un sanglier.
– Très heureux ! Je me présente : un ours.
– Bien, bien, très heureux de même. Allez, amène-toi vite !

– Mais le garde-chasse en chef m'a demandé de l'attendre ici.
– Le garde-chasse en chef parle beaucoup. Surtout quand les journées sont longues. Écoute bien ce vieux dicton de la forêt, gros naïf : « Un ours ferait mieux d'écouter un sanglier plutôt qu'un garde-forestier, tout chef qu'il est ! » C'est moi qui l'ai inventé !

(Là, le sanglier fait un peu le malin. En réalité, c'est moi qui ai inventé ce dicton. Mais ça n'a pas beaucoup d'importance, car pour le reste, le sanglier joue très bien son rôle.)

Ils coururent longtemps à travers la forêt, le sanglier en tête, l'ours sur ses talons, jusqu'à ce qu'ils arrivent à l'endroit voulu.

Le sol était sec et pierreux. C'est pourquoi les arbres étaient petits et rabougris. Au sommet d'une colline se trouvait un énorme rocher reposant sur quelques blocs de pierre à peine plus petits, le tout formant une grotte. Tout autour poussaient de la bruyère et des genêts.
– Oh, dit l'ours, qui a construit ça ?
– Il n'a pas laissé d'adresse. Pour sûr que ça fait un bail. De nos jours, ils construisent différemment.
– Qui ça « ils », les hommes ?
– Bien entendu, les hommes. Tu ne voudrais pas que ce soient les écureuils ! Écoute bien, il faut que tu partes aux tout premiers rayons du soleil. Demain, c'est un jour férié, alors Eberhard et sa bande vont sans doute venir camper ici.
– Eberhard et sa bande ?
– Oui, ce sont des parents éloignés à moi.
– Mais…
– Il n'y a pas de « mais ». Bonne chance. Il faut que je parte !
Et le sanglier disparut.

Non, non, inutile de m'interroger, je n'en sais pas davantage sur le sanglier. J'avais seulement besoin que quelqu'un intervienne pour aider un peu mon ours, car je l'avais expédié dans la forêt sans l'y avoir préparé. Misère... toujours pas de nouvelles de lui me disant par exemple qu'on le baigne quelque part dans des bains moussants et parfumés, qu'on le frictionne avec des serviettes bien moelleuses, qu'on lui coupe des tranches de pain d'épice...

Je continue donc de laisser trottiner mon ours. Pour sûr, le sanglier s'est montré parfait, il faut lui accorder ce mérite. Je ne sais pourtant rien de plus sur lui. Et puis, vous feriez mieux de vous préoccuper de l'ours. Je pense que le sanglier n'a besoin de personne pour se tirer d'affaire.

Comme convenu, l'ours se leva aux premiers rayons du soleil. Tout d'abord, il se roula dans la rosée qui perlait en gouttes d'argent sur les bruyères. Puis il frictionna vigoureusement son dos contre une grosse pierre. Il ne ressentait nullement la faim, seulement une légère inquiétude. Qu'allait-il lui arriver maintenant ? Il se mit en route, tournant le dos au soleil levant, avançant, sur le qui-vive. Une fois, il paniqua à la vue de l'ombre silencieuse projetée par un planeur. Une autre fois, alors qu'il se trouvait au bord d'une route, il resta très longtemps caché dans les fourrés, jusqu'à ce que toute voiture ait disparu. Il faillit aussi trébucher sur un nid de fourmis, puis sur une montagne de canettes de bière vides. Dès qu'il entendait une radio, il faisait un crochet, dès qu'il sentait une odeur de café, il faisait un plus grand détour. Et il évitait de passer trop près des terriers de renards. Soudain il perçut comme un formidable ronflement. Poussé par la curiosité, il s'approcha à pas feutrés. Qui sait ? Il allait peut-être tomber sur le sanglier ou sur toute autre créature aussi serviable et aimable que lui.

Qu'un ronflement peut parfois être agréable à entendre ! Soudain, in extremis, il réalisa sa méprise. Il avait devant lui quatre bipèdes du genre humain, allongés au soleil sur des couvertures, avec des tartines de crème solaire sur leurs visages en partie masqués par d'énormes lunettes sombres et qui ronflaient à qui mieux mieux. Des glacières fleuries, rayées et à

carreaux, trônaient à leurs pieds. L'ours allait amorcer une reculade silencieuse lorsqu'il reconnut les ronfleurs : c'étaient les Schimzeck ! Pour un peu, il se serait volontiers allongé à leurs côtés. N'était-ce pas à cause d'eux qu'il se trouvait ici, dans la forêt ?
Sans eux, il n'aurait jamais eu l'idée de venir ici. Et l'ours pensait qu'il y avait sans doute une logique à tout cela : peut-être les Schimzeck étaient-ils des hommes de la forêt qui vivaient là en permanence.
De ce fait, ils souhaitaient peut-être la présence d'un ours pour les divertir. Et dire qu'il s'était vexé à cause des Schimzeck, alors qu'ils n'avaient peut-être eu envers lui que de bonnes et louables intentions ! Ils avaient dit : « Les vrais ours ne vivent que dans la forêt », ce qui signifiait certainement : « Mon cher ours, viens donc plutôt vivre chez nous, dans la forêt. »
À moins que ce soit le contraire ?...

Toutes ces réflexions qui s'agitaient dans sa tête lui firent avancer lentement une patte vers le gros orteil de M. Schimzeck. Il voulait le réveiller en douceur. Au même moment, celui-ci émit un tel ronflement que l'ours, effrayé, fit un bond en arrière. Il prit alors le parti de s'asseoir dans l'herbe face à la famille endormie, et d'attendre. Le fils Schimzeck se réveilla le premier. Il se redressa et bâilla à s'en décrocher la mâchoire.
« Il va m'avaler tout cru, pensa l'ours. Mieux vaut signaler ma présence. »

– Eh oh ! dit-il timidement, moi aussi, je suis maintenant un être de la forêt.
En apercevant l'ours, le fils sentit tout son corps se raidir et il ouvrit des yeux aussi larges que des soucoupes.
« Aïe ! Il n'a pas l'air content », pensa l'ours.
Il dit alors :
– Excusez-moi, je ne veux surtout pas vous déranger. Je repasserai demain si cela vous convient mieux.
Le fils continuait de lui jeter un regard incrédule, tandis que ses cheveux se hérissaient tout droit sur le sommet de son crâne.

« Le voilà qui devient aussi mauvais qu'un renard endiablé », pensa l'ours. Et il ajouta :
– Ou bien après-demain, si vous préférez. Rien ne presse. À partir de maintenant, je serai toujours là.

Le fils pinça sa sœur qui pinça sa mère qui pinça son mari. Sur le moment, M. Schimzeck ne manifesta aucune envie d'émerger de son sommeil. Il marmonna à demi éveillé :
– Le respect de la sieste entre treize et quatorze heures est sacré. Tout contrevenant sera sévèrement puni. Il est interdit…
Il finit quand même par se réveiller, car les trois autres Schimzeck lui chuchotaient à l'oreille en claquant des dents :
– Papa, papa, l'ours est venu, l'ours !
Pétrifiés, les yeux exorbités, les cheveux dressés sur la tête, les Schimzeck se trouvaient maintenant assis tous les quatre face à l'ours.
« Oh la la ! pensa l'ours, il y a quelque chose qui leur déplaît. Je crois qu'il vaut mieux que je m'en aille. »
Il se leva et dit en bafouillant :
– Ben, je dois repartir. Je passerai vous voir, disons, une prochaine… euh ! la semaine prochaine, bien sûr.

Quand les Schimzeck entendirent l'ours marmonner et grogner, ils se levèrent d'un bond, chacun s'emparant de sa glacière, puis ils grimpèrent dans un arbre avec la rapidité des singes.

Du haut de la branche où il était réfugié, M. Schimzeck s'écria :

– Pas dans cette forêt ! Jamais on ne trouve d'ours dans cette forêt-là !

– Non, dans cette forêt-là, on ne trouve jamais d'ours, reprenaient en chœur les autres Schimzeck. Et d'une seule voix, tous les quatre se mirent à crier :

– Auauau secours ! Auauau secours ! Infanterie ! Artillerie ! Cavalerie ! Il y a un ours !

L'ours, terrorisé, tenta bien de se boucher les oreilles, mais il finit par prendre la fuite et regagna les profondeurs de la forêt.

Comme le lui avait dit le sanglier, ce jour était un jour férié. Partout des gens profitaient du soleil, buvaient du café ou de la bière. Certains ramassaient des champignons ou des myrtilles. D'autres jouaient aux cartes.

D'un seul coup, tous ces gens prirent leurs jambes à leur cou en hurlant :

– Un ours, un ours, un ours !

Et l'ours également n'en finissait pas de courir, de courir pour sauver sa peau.

« Ça alors, pensait-il, je ne comprends plus rien. Tous ces gens étaient tellement contents de me voir lorsque j'étais derrière ma clôture derrière ma haie, devant ma cabane ou encore dans mon fossé. Qu'est-ce que je leur ai fait depuis ? Ils crient trop fort ! Il ne me reste qu'une chose à faire : partir, partir d'ici. »

À cause de tous ces cris et de toutes ces lamentations, j'ai une fois de plus perdu mon ours de vue. Je ne le vois plus. Comprenez-moi bien. Si je ne le vois plus, je ne peux plus parler de lui. Si je ne peux plus parler de lui, il n'existe plus. Tout cela est de ma faute. Au début, je voulais m'amuser et plaisanter un peu. Il y a eu l'histoire Schimzeck, puis l'histoire de l'orage. Ensuite, je l'ai laissé partir à l'aventure en toute innocence, sans me soucier des conséquences. Il aurait quand même dû être moins susceptible ! Où se trouve-t-il maintenant ? Que peut-il bien être en train de faire ? Quelqu'un aurait-il vu mon ours ?
Je me donne encore une heure. Si dans une heure personne n'a vu mon ours, je jetterai mon histoire au feu. Car elle ne peut quand même pas se terminer ainsi.

Or, toi lecteur, tu tiens ce livre entre tes mains. C'est donc qu'il n'a pas été jeté au feu. Tu t'en étonnes et tu te demandes : quelle peut bien être la conclusion de cette histoire ? Eh bien, lis ce qui suit. La conclusion de mon histoire est intervenue juste une minute avant que l'heure de délai que je m'étais accordée se soit écoulée. Cela se passa ainsi :
– Tiens, j'entends un drôle de bruit à ma porte, on dirait que quelqu'un frappe à ma porte.
– Non, ce n'est pas tout à fait ça, on dirait que quelqu'un gratte à ma porte !
Et avec quelle insistance !
– On dirait que quelqu'un grogne devant ma porte…

Conception graphique,
direction artistique et réalisation :
Repères Communication

Reproduit et achevé d'imprimer
en mars 1997
par l'imprimerie Clerc
à Saint-Amand-Montrond
sur papier des
Papeteries de Jeand'heurs
pour le compte des éditions
ACTES SUD
Le Méjan
Place Nina-Berberova
13200 Arles

Dépôt légal
1re édition : avril 1997
N° imprimeur : 6500
(Imprimé en France)